武术内功心法

郑建平——编著

山西出版传媒集团
山西科学技术出版社

总序

中华传统武术博大精深，是中华民族优秀传统文化之瑰宝，蕴含着中华民族传统文化的诸多要素，具备崇德尚武、修身养性、防身自卫等特点。

中华武术是远古劳动人民在长期狩猎、自卫、生活实践中形成的一种攻防格斗技术，在近代发展成为一种民间传统体育项目。传统武术赖以生存的“感悟”“修炼”“天人合一”等武学文化思想在中华大地乃至全球传承发展。

当前，国家相关部门大力倡导将竞技武术、传统武术及现代搏击运动并行推广，这将传统武术提到了应有的高度，是传统武术进一步发展的良好机遇。

能把我从武多年来的亲身经历和习拳经验，尤其是传统武术功法修炼的方法，贡献给热爱武术运动的人们，为中华传统武术的进一步传承发展做点贡献，是我整理出版“传统武术入门丛书”的基本动力。

本丛书从武术桩功法、武术内功心法、武术单操技法、武术入门套路、武术实战技击五个方面，系统地介绍了中华传统武术的整体练习方法。

本丛书的编写出版得到了《中华武术》首任主编昌沧先生，我的恩师、“中华武林百杰”“中国武术九段”“中华浑元武术创始人”张希贵先生，河津市“和易拳社”社长买正虎先生等前辈、同人的鼎力支持和帮助。同时，本丛书摄影人员丁辉、马强、陈博等，侯凤长、孟凡彬、赵启忠、陈仲生、梁爽、郭欣钰、郑晨，以及配合实战演练的丹尼尔先生等同人付出了辛勤劳动，在此一并表示感谢。

由于本人水平有限，书中不妥之处，敬请各位前辈、同人及广大读者予以指正。

郑建平

壬寅年夏于北京

目录

第一章 武术内功心法健身功效

武术内功心法是指习武者在运动实践中，采用以意领气、以气运身、以身发力为基本锻炼手段的一种以心育体、内外兼修的武术锻炼方法。习武者通过内功心法指导实践，能使思维器官的活动和肢体活动有序配合，达到心动形随，神形兼备，内外合一的境界。习练武术内功心法，可使习练者在锻炼运动时，意、气、劲、形四者一动俱动，一止即止，可激发人体潜能。

本套功法的运动强度和动作的编排次序符合运动生理学规律，将导引吐纳、势合呼吸加以融合，是一种动静双修、神形并练的武术内功心法。整套功法可整可分，各有起势和收势，深入浅出，易学易练，见效较快。

本套功法依据功理结合实践效果来看，主要具有以下特点和作用。

一、调气调息，畅通气血

武术内功心法八段锦动作缓慢柔和，以呼吸配合身体运动，能让人体充分放松，能更好地发挥人体自身的免疫调节功能。八段锦导气调息、舒畅气血的原理是，通过调节外在肢体躯干的屈伸俯仰和内部呼吸的升降开合，使全身筋脉得以牵拉舒展，经络得以畅通，从而达到“骨正筋柔，气血畅通”的效果。通过习练本内功心法八段锦，可使人体血管弹性得到明显改善，心肌收缩更加有力，神经系统的兴奋性进一步提高，使习练者精、气、神更加充沛。

二、刚柔相济，增进协调

动作姿势配合呼吸、刚柔相济、动静相兼是本八段锦功法的显著特点。整体要求练功时全身心放松，气血贯通全身，柔中有刚，松而不懈，刚从松来，柔和拔伸。“刚”只是动作中一瞬间的寸劲发放，而“松”则贯穿动作过程始终。松紧、刚柔的密切配合和频繁转换，有助于刺激、调节人体的阴阳协调能力，促使经络气血舒畅流通，滑利关节，活血化瘀，强筋壮骨。从现代运动科学的角度看，这是一种负荷运动应用。习练本套八段锦功法对血压、心率、血糖、五脏六腑及免疫功能具有双向调节作用，从而增强人体的适应能力和预防疾病的能力，使习练者身、心更加强壮。

三、以腰为轴，整体调节

八段锦锻炼的中心部位在腰脊。整套功法要求重心上下左右不断转换，并力求保持身体平衡，动作连贯相随。同时要求所有动作通过一个中心即腰椎指挥。也就是说，要通过腰脊活动带动四肢。八段锦前四式突出的是肩胛夹脊的内缩蓄劲，后四式则侧重腰胯命门的俯冲扭转与拔伸，劲力从躯干脊背向四肢末梢逐步传送，由里到外依次撑紧，运动过程似乎要克服某种阻力，从而使四肢经脉筋骨得到充分的拔拉伸展。腰脊是人体运动的枢纽，具有支撑身体、保护内脏的功能；同时由于腰脊两侧分布着督脉，支配肢体脏腑的全部神经根，因此它又被称为人体的“第二条生命线”。通过对腰脊的拉伸旋转，刺激任督二脉，可起到调节整体、牵一处而动全身的锻炼效果，使习练者精神更加旺盛。

四、强化脏俯，疏通经络

八段锦同传统中医学脏腑经络理论关系密切。比如第一式“闻鸡起舞呼开合”主要锻炼的是人体元气与水液疏布的通道。这一式通过上肢动作配合呼吸、对拉拔伸，有利于元气、水液上下布散，发挥滋润濡养五脏六腑的作用。第五式“大鹏展翅硬开弓”中的左右开弓，有利于抒发胸气，消除胸闷，并能疏肝理气，治疗胸胁气滞。第三式“风卷乾坤合阴阳”中的“阴阳”一般是指心、肝、脾、肺、肾五脏的五行平衡，也指喜、怒、忧、思、悲、恐、惊七种情志的阴阳平衡。从理论上讲，“生病起于阴阳过用”，所以“五劳七伤”类似于现在人们常说的亚健康。第二式“古树盘根易筋络”中的扭头压臂，主要起调整颈椎的作用，同时挺胸可刺激胸腺，改善大脑对脏腑的调节能力，并增强免疫功能，促进自身的良性循环。由此可以看出，八段锦的功法原理源于《黄帝内经》的基本理论，是符合人体生理学原理的。长期习练八段锦，可使习练者元气充盈，身体更加健康。

五、松静自然，调摄精神

八段锦虽然是以肢节躯干的伸展开合运动为主，但不同于一般的广播体操，其整体动作刚柔相兼，松静自然，节奏单一，讲究呼吸与意念配合；呼吸与动作快慢相应，姿势与呼吸相配合，合吸伸呼。

良好的情志应该是恬淡宁静的，讲求“天人合一”。在八段锦练习过程中，特别要注意神形相合，气贯其中，动作柔和，刚柔相济，强调呼吸与动作协调配合，意念集中在动作全过程，排除杂念，松静自然。因此，八段锦的锻炼方式是身心、形意的合一，而且突出对情志的调节。

六、天人合一，身心和谐

八段锦的“锦”是指华贵精美的丝织品，同时也意味着整套功法练习如丝绸般和顺柔和、顺畅连绵、浑融流畅。“依次序，不可缺，不可乱”“勤行无间断”，达到“身心和谐”的效果。八段锦整套动作的编排，将天、地、人三才合一的古典养生思想整体贯穿其中。第一式开始，即从内至外、从上到下依次调理心肺、脾胃、肝胆、肾和内分泌生殖系统，最后以“男女回春百病消”为结尾，充分体现“天人合一”思想，彰显其实用效果。

第二章

武术内功心法八段锦

第一节　歌诀

闻鸡起舞呼开合，古树盘根舒筋络。
风卷乾坤合阴阳，白猿献果推四势。
大鹏展翅硬开弓，饿虎扑食风摩膀。
跃马争春盖四拳，男女回春百病消。

第二节　动作图解

第一式　闻鸡起舞呼开合

⊙　动作说明

起式

动作一：自然站立

双脚平开，肩井穴与涌泉穴相对直，自然站立。（图 1）

动作二：两手托起

两手外旋，经体侧向前向上托起与肩平，目视前方。（图 2）

动作三：两手下按

两膝微屈，同时两手内旋，下按于腹前。（图 3）

图1

图2

图3

图4

⊙ 闻鸡起舞呼开合

动作一：怀抱阴阳

双脚平开，肩井穴与涌泉穴相对直。两手拇指向上平举，手心相对，两臂坠肘，大拇指与膻中穴持平。深呼吸数次，使大脑入静。（图 4）

图5

动作二：呼开合

两手外掤，吸气，里合呼气。数息反复，合吸伸呼。（图 5）

动作三：上举下压

接上动，两手外旋下落，掌心向上；上举里合，吸气。随即，两掌下按于腹前，呼气。然后，可循环上举下压。（图 6 至图 8）

图6

图7

图8

动作四：外伸回环

接上动，两手于腹前交叉；向上，经胸面上举分开，外伸，撑掌，下落。采用逆腹式呼吸。（图 9 至图 11）

图9

图10

图11

动作五：泳势回环

上动不停，上体前俯，两臂前伸，同时，头部埋入两臂之间呼气。随即，两手经两侧向背后画弧相合，回环收于腹前，抬头呼气。（图 12 至图 15）

图12

图13

图14

图15

动作六：泳势前伸里合回环

上动不停，双手后插，从背后向前里合前伸，埋头呼气，双手下按抬身时吸气。（图 16 至图 18）

图16

图17

图18

动作七：开门闭门

接上动，两手向前做推门式动作，推时呼气，收时吸气。接着，回环；做闭门式动作，前伸时呼气。如此循环反复。（图 19 至图 23）

图19

图20

图21

图22

图23

动作八：顶天立地

然后，一手上举，一手下压，似顶天立地。左右动作交替。（图 24、图 25）

图24

图25

收式

两手经身体两侧向上举，再下按于腹前，自然还原。（图26、图 27）

图26

图27

呼吸方法：合吸伸呼，脊合吸、脊开呼，一吸便提肛，一提便咽津，意念导引呼吸通过尾闾，沿督脉向上、经天门顺任脉向下，做周天循环。

本式主要修炼的是覆盖人体五脏六腑的元气与水液疏布的通道。通过上肢动作配合呼吸、对拉拔伸，有利于元气、水液上下布散，发挥滋润濡养身体的作用。呼吸、开合、收腹、提肛、咽津的过程便是气血的循环过程。

第二式　古树盘根舒筋络

起式同第一式。

动作一：上托

身体起立，两手掌心向外、向上托，吸气。（图 28）

动作二：接地

弯腰，双手像打捞东西一样，由上向下，尽量接触地面。下捞时呼气。（图 29）

动作三：握踝

提身时吸气，双手向下握踝，向下探身时呼气。（图 30）

这叫“托天捞地”，可帮助消化、调和气血、活络舒筋。

图28

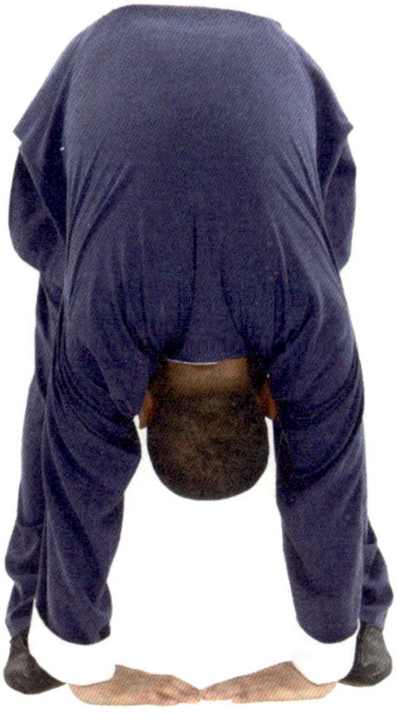

图29

图30

动作四：抱肘下垂

提身，双手左右抱肘时吸气，向下垂压时呼气。（图 31）

图31

动作五：拄膝

提身时吸气，两手拄膝时呼气。（图 32、图 33）

图32

图33

动作六：摇头摆尾

双手压膝，头颈和腰部、臀部一起左右扭动。（图 34、图 35）

本动作可去心火，有助于缓解颈椎、腰椎、脊椎等部位的疲劳。

图34

图35

动作七：站立下蹲

上动不停，身体起立，两手向前平举，掌心向下。站立时吸气，下蹲时呼气。（图 36、图 37）

图36

图37

收式同第一式。

扭头压臂，能够调整大脑与脏腑联络的交通要道——颈椎（中医称之为天柱），同时挺胸可刺激胸腺，从而改善大脑对脏腑的调节能力，并增强免疫功能，促进自身的良性循环。

本式动作我们可以组合练习，根据身体情况，可做20分钟左右，常年坚持，效果更佳。

第三式　风卷乾坤合阴阳

起式同前。

动作一：八圆两翻

从转丹田始，凝神聚气，运转丹田，上下左右，转立圆、斜圆、横圆、上翻、下翻等八圆，眼睛平视。（见图38至图45，具体为立圆顺时针、逆时针，斜圆顺时针、逆时针，平横圆顺时针、逆时针，上翻顺时针，下翻逆时针）

图38　立圆（顺时针）

图39　立圆（逆时针）

图40　斜圆（顺时针）

图41　斜圆（逆时针）

图42　平横圆（顺时针）

图43　平横圆（逆时针）

图44　上翻（顺时针）

图45　下翻（逆时针）

动作二：外云手

接上动，两手于腹部由小圆转大圆，做外云手。云手时左手向外转运为掌（图 46），变勾手回云至腹前。同时，右手向右外转运为掌（图 47）。

图46

图47

动作三：里云手

上动不停，做里云手，从胸前运转下滑，如猫洗脸。（图48、图 49）

图48

图49

动作四：背穿掌

然后，一手向身后下插，肩随腰转向后插掌回环，转背穿掌。左右穿掌四撑八面，脚底脚尖可动。（图 50、图 51）

图50

图51

动作五：单双换掌

背转运掌的过程中，一手从另一肘下旋转，双手回环，双掌交替充分体现双掌的阴阳变换。（图 52 至图 57）

图52

图53

图54

图55

图56

图57

动作六：旋转发力

接上动，左掌内旋外翻，掌心向前发力。（图 58）

图58

动作七：平捋手

上动不停，做双掌平捋。（图 59、图 60）

图59

图60

动作八：上捋手

上捋双掌，回环捋手。（图 61、图 62）

图61

图62

以上动作展现阴阳双掌之变换，犹如风摆杨柳，迎风拂袖，水中生树，风卷天地根不动。

收式同前。

习练武术不论做什么动作一定要记住呼吸配合，肢体转动伸缩时合吸伸呼，不论是前后左右的转、摆、抡、云，其快慢要与呼吸相配合，即出手时呼，合手时吸；开脊时呼，合脊时吸。

例如云手：手从前胸向上云转，至面前转云为掌，变勾手再向下、向胸前云转手腕。要求绵绵不断，呼吸自然，再加之脚步的移动，步转肩随，如风摆扬柳，舒适自然。

做云手时转动手碗，可以刺激到六条经脉，这些经脉会将刺激传导到全身各处，促进气血运行，打通血管，舒活经络。

手腕是手三阴经和手三阳经共同穿过的部位，在手腕处分布的主要穴位有太渊穴、列缺穴、大陵穴、内关穴、神门穴、通里穴、阳溪穴等。

如太渊穴可以补肺气，止咳；列缺穴能活血利水，防治缓解颈椎病；大陵穴和内关穴可防治心脑血管疾病；神门穴可镇静安神，缓解失眠；通里穴可止头痛，缓解心悸等。

从武术内功层面而言，动作须以逆腹式呼吸配合，以意念导引气的运转，有一个气血运转轨迹，有一个循环、定气、内力发放的过程。要力求自然、顺畅，不可刻意，欲速则不达。

本动作可充分活动习练者的腰部，刺激肾俞穴。肾俞穴是补肾要穴，经常转动肾俞穴，既能培补肾元，又可以缓解腰肌劳损，保护腰部。

另外，腰部的运转可激活关元穴的主要功能，促进人体的生长和发育，激发脏腑、经络等组织器官的生理功能。刺激关元穴，可以使肾气活跃，补充肾气。

第四式　白猿献果推四势

本式功法是一种身心完全放松的上肢运动招式，以左右扶手变换左右式掤、捋、挤、按四势动作；动作圆活放松，绵绵不断。起式动作同前。

动作一：左扶手

步随腰转，左脚尖外摆，右脚向前上步；同时双手左上右下，以立掌向前左扶。（图 63）

图63

动作二：右扶手

接上动，步随腰转，右脚回撤，左脚上步；同时，双手右上左下，以立掌向前右扶。（图 64）

图64

动作三：拧裹前掤

然后，上动不停，双掌向左云转，拧裹前掤。（图 65）

图65

动作四：捋拽

双手里旋，手心相对，向下捋拽。（图 66）

图66

动作五：外挤

双手外旋，双手平端，呈阴掌，里扣外挤。（图 67）

图67

动作六：按

双手由里向外扭推发力。（图 68）

图68

右势动作与左势动作相同，唯左右方向不同。

收式同前。

手臂内侧集肺经、心经、心包经，左右拧腰裹臂旋转，在疏通三经的同时，更能滋养我们的心脏和肺脏。心脏为全身供血，肺脏为全身供氧，心脏和肺脏功能正常，则全身的供血和供氧不会出问题，其他器官就能维持正常的工作。双肋内侧有心、肝、肺、胆、胃、胰等重要器官，运动双肋及双肋正中间，可以很好地滋养这些器官。

第五式　大鹏展翅硬开弓

起式动作同前。

动作一：左钻拳

左手由里向左外拧转画圆，右手由右外向里画圆，左手回环出左钻拳。（图 69 至图 71）

动作二：拉弓射箭

上动不停，右手从左向后拧转画圆，左手随右手拧裹，左右手呈右拉左射式。（图 72 至图 74）

图69

图70

图71

图72

图73

图74

动作三：左炮拳

上动不停，步转肩随，向左拧腰送肩，呈左栽右推掌式。（图 75）

图75

动作四：切按

上动不停，身体右转，右手由右前方向里、经胸前向右胸前发力；同时，左手随右手经右向左前方平抹、下切。（图 76）

图76

右势动作与左势动作相同，唯方向不同。

收式同前。

大鹏展翅硬开弓，左右拧身、裹抡两臂犹如大鹏展翅，好比霸王硬拉弓，开弓射箭，气势磅薄。

开弓射箭的动作姿势，有利于抒发胸气，消除胸闷，并能疏理肝气，缓解胸胁气滞。

习练时两手前后用劲：左手往前推，右手往回拉；或右手往前推，左手往回拉，其意如撕丝绵；又如两手拉硬弓，要有徐徐用力拉开之意。右手往外翻横，左手往里裹劲，或左手往外翻横，右手往里裹劲。明劲有声，暗劲无声。练之神气要舒展而不可拘，运用要圆通活泼而不可滞。起似伏龙登天，落如霹雷击地。起无形，落无踪，起意好似卷地风。

第六式　饿虎扑食风摩膀

此式动作以内功心法劲力发放为主，丹田聚气，定气促力，浑然一体，内外合一，浑元一气，节节发劲，以气促力。起式动作同前。

动作一：顶肘

双脚平开，双手向外、向上回拢，于胸前交叉，双手变拳，同时向后顶肘。（图 77）

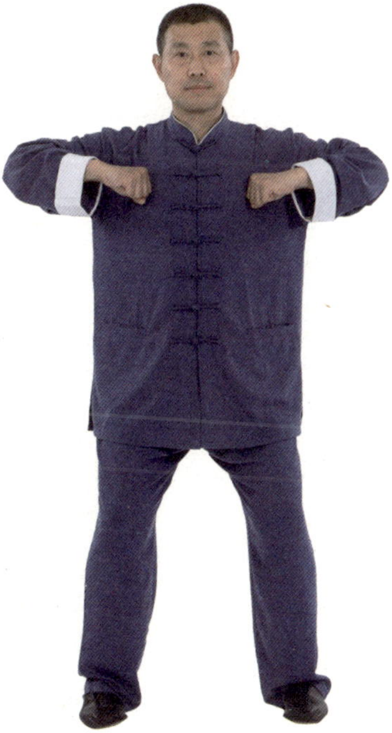

图77

图78

动作二：双马

上动不停，双臂向下向上回拢，双拳内旋，由两肩上同时向前击出。（图 78）

动作三：鲐形

上动不停，双臂向上交叉开掌，向外向上画圆至腰间抱拳，双阴拳（拳心朝上）同时向前击出。（图 79）

图79

动作四：虎靠

上动不停，双手变掌，向外拧转上划，至胸前，双手指尖相对，大拇指朝下，双手掌沿朝上，同时向前掤撞。（图80）

图80

图81

动作五：虎扑

上动不停，双手同时向下画圆，回环上架，呈虎形掌前扑。（图 81）

图82

动作六：双风贯耳

上动不停，双手同时向里向下向外回环向上，呈阴掌前切。（图 82）

收式同前。

双臂上下回环，连连发力，双手交叉，分别用肘、拳、掌交替做靠、击、扑、切法，拳拳发力，势势捣掤一气合成，犹如疾风摩膀饿虎扑食。

本式动作完全是一种全发力的修炼方式，劲就是力的演绎与延伸，至微而分，因法而异，实为一体。

此寸劲是通过本功力训练和发力劲路训练修成一种短距突破性力量，具有较强的穿透性和杀伤力。

持此功力者绝不同于所谓套路的击打动作，而是在距离实体目标仅寸许处发劲，集中功力能量给对手打击，可猝然将对手弹出，或于瞬间令对手翻肠倒胃、头昏眼黑，因彻腑挫骨之痛而胆战心惊。

第七式　跃马争春盖四拳

此修炼方式主要是体悟硬冲硬打的实战过程和意识。起式动作同前。

动作一：阳手盖打

左手向左出阴手内旋阳打，右手阳手向前盖打。（图83、图84）

图83

图84

动作二：左右冲架

上动不停，做左、右冲拳，右架左冲。（图 85 至图 87）

图85

图86

图87

右势动作与左势动作相同，唯方向不同。

收式同前。

第八式　男女回春百病消

起式动作同前。

动作：站立抖动

双手阳掌前伸，抬起与肩平，随势下按于胸前，全身放松，双目微闭。然后，稍用力带动全身脏腑肌肉做有弹性而松柔的上下颤动，两手和身体跟随腿的颤抖而活动。（图 88 至图 90）

图88

图89

图90　侧面图

余式动作可从第一式动作选择一两个进行习练。比如，分别用呼开合、上举下压的动作来做颤动练习。收式同前。

本式功法把天、地、人的精华聚合在一起，成为一个有机的整体，能够调节身体机能，使人体保持健康。

1. 增强肌骨功能

增强人体肌肉活动力，增强各关节的功能。

2. 疏通经络

经过颤抖，首先疏通了经络。经络是人体生命活动枢纽，疏通经络有利于协调体内各组织、器官，促进气血循环，达到气血通达、增强体质的目的。

3. 能调整人体磁场

经过颤抖，调整人体磁场，使细胞有序化排列，强化体质。调整人体磁场，有利于气血循环，新陈代谢，提高人体免疫功能，可使精、气、神充沛，使人保持青春活力。

此功法男女老少都能单独学练。要诀是全身一起抖，这样可以让全身肌肉放松。对一些由内分泌失调引起的疾病有较好的防治作用。

此式练习结束，肢体摆动，身心放松，精神回归本体，完功。

附录

武术抱拳礼

1. 并步站立，表示尊敬。

2. 左掌四指并拢，表示德、智、体、美“四育”素质齐备，象征情操高尚。

3. 左手屈拇指，表示谦虚谨慎，不骄傲自大，不以“老大”自居。

4. 握右拳表示勇武顽强。

5. 左掌掩、右拳相抱，表示“勇不滋事”“武不犯禁”“止戈为武”，以此表示约束、节制的意思。

6. 左掌为文，右拳为武，代表了文武兼学，崇文尚武，文武双全，虚心、渴望求知，恭候师友、前辈指教等意义。

7. 左掌右拳屈拢，两臂环抱成圆，表示五湖四海（左手掌五个手指指“五湖”，击左掌的右手四个手指指“四海”），以武会友，以和为贵，谦虚团结，天下武林是一家。

抱拳礼

武德歌

勤习武，爱祖国。

春夏秋冬，励志练功。

贵和谐，礼为先。

自卫强身，武以德显。

扬国粹，重传承。

尊师重道，文武全能。

图书在版编目（CIP）数据

武术内功心法 / 郑建平编著 . — 太原 : 山西科学技术出版社，2023.6

（传统武术入门丛书）

ISBN 978-7-5377-6240-3

Ⅰ . ①武… Ⅱ . ①郑… Ⅲ . ①武术—气功—基本知识—中国 Ⅳ . ① G852.6

中国国家版本馆 CIP 数据核字（2023）第 040453 号

武术内功心法

WUSHU NEIGONG XINFA

出版人	阎文凯
编著	郑建平
策划编辑	徐俊杰
责任编辑	徐俊杰
封面设计	许艳秋
出版发行	山西出版传媒集团 · 山西科学技术出版社 地址：太原市建设南路 21 号　　邮编：030012
编辑部电话	0351-4922107
发行部电话	0351-4922121
经销	各地新华书店
印刷	山西基因包装印刷科技股份有限公司
开本	889mm × 1194mm　1/32
印张	2.5
字数	40 千字
版次	2023 年 6 月第 1 版
印次	2023 年 6 月山西第 1 次印刷
书号	ISBN 978-7-5377-6240-3
定价	25.00 元